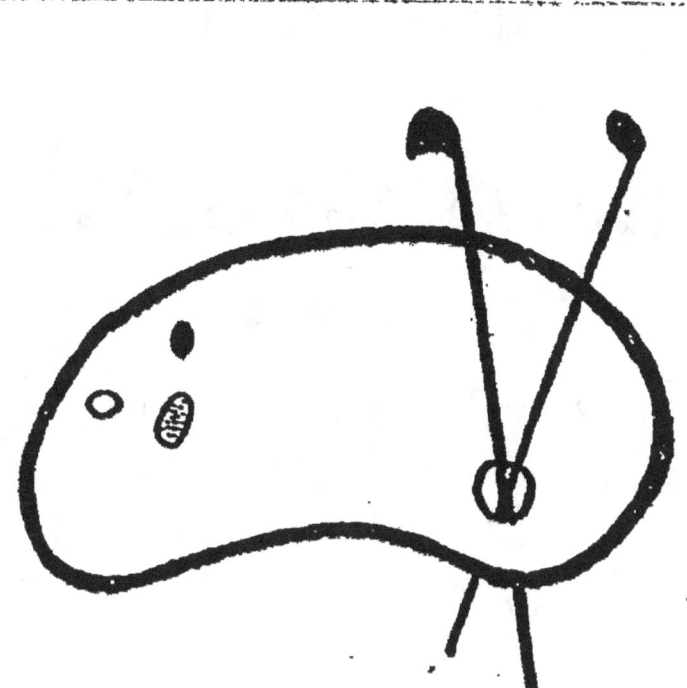

COUVERTURE SUPERIEURE ET INFERIEURE
EN COULEUR

CATALOGUE

DE

TABLEAUX

PRÉCIEUX

Des Écoles Française, Flamande
et Hollandaise.

PARIS
IMPRIMERIE ET LITHOGRAPHIE DE MAULDE ET RENOU,
RUE BAILLEUL, 9 ET 11.

1843

CATALOGUE

d'une précieuse collection

DE TABLEAUX

DES ÉCOLES

française, flamande et hollandaise,

Formant le Cabinet de M. TARDIEU,

DONT LA VENTE AURA LIEU,

RUE DES JEUNEURS, N. 46,

A UNE HEURE,

LES MARDI 9, MERCREDI 10 MAI 1843,

ET JOURS SUIVANTS, S'IL Y A LIEU,

Par le ministère de M⁰ BONNEFONS DE LAVIALLE,

Commissaire-Priseur, rue de Choiseul, n° 11.

ASSISTÉ

De M. Ferdinand LANEUVILLE, Peintre-Expert,

8, rue Thiroux.

EXPOSITION PUBLIQUE les Dimanche 7 et Lundi 8.

PARIS

IMPRIMERIE DE MAULDE ET RENOU,

RUE BAILLEUL, 9-11.

1843

CONDITIONS DE LA VENTE.

—⊰⊱—

La vente sera faite au comptant.

Les acquéreurs paieront cinq pour cent en sus des enchères, applicables aux frais.

—⊰⊱—

AVERTISSEMENT.

La riche collection dont nous sommes chargés de faire la vente est celle de M. Tardieu, connu par son goût pour les arts et par les énormes sacrifices qu'il a faits pour parvenir à réunir une aussi grande quantité de beaux tableaux.

Le moment choisi pour cette vente prouve sa ferme volonté de vendre et doit rassurer MM. les amateurs sur la crainte que le propriétaire ne laisse adjuger ses tableaux que lorsqu'ils auront atteint un prix fixé d'avance; le sacrifice que fait M. Tardieu de sa collection lui est imposé par de puissants motifs, dont le principal étant de se consacrer exclusivement à son ancien commerce de toile, il lui est nécessaire de réunir tous ses capitaux, et pour se décider à faire une vente lorsque la saison est aussi avancée, on doit supposer de sa part une volonté bien arrêtée de se soumettre à toutes les chances d'une vente publique.

A l'exemple du catalogue de M. P. Perrier, nous avons cru devoir nous abstenir de tout éloge des tableaux que nous sommes chargés de vendre, convaincus, comme lui, qu'il faut laisser à MM. les amateurs le soin d'apprécier par eux-mêmes le mérite et l'authenticité des maîtres que nous annonçons. Au reste, la plupart de ces tableaux sortent des collections suivantes :

Duc de Bassano, Raudon de Boisset, Saint-Victor, chevalier Érard, général Fabvier, Schamp de Gand, Vander Buken de Louvain, de Danoot de Bruxelles, duc de Berry, colonel Birré et Tardieu père.

CATALOGUE

d'une précieuse Collection

DE TABLEAUX

des écoles française, flamande et hollandaise.

N° 1.

BACKUYSEN (Louis).
Marine : avec barque de pêcheurs.

N° 2.

BACKUYSEN (Louis).
Mer agitée.

N° 3.

BACKUYSEN (LOUIS).
Mer agitée. Tableau capital.

N° 4.

BACKUYSEN (LOUIS).
Marine : dunes avec figures.

N° 5.

BACKUYSEN (VAN DE SANDE).
Paysage.

N° 6.

BÉGA (CORNILLE).
Intérieur rustique.

N° 7.

BERGHEM (NICOLAS).
Paysans revenant des champs.

N° 8.

BOTH (JEAN).
Paysage montagneux.

N° 9.

BOTH (JEAN).
Grand paysage avec figures.

N° 10.

BOTH (JEAN).
Paysage avec figures.

N° 11.

COENE (DE BRUXELLES).
Les Français dans la citadelle d'Anvers.

N° 12.

CULENBURG.
Nymphes sous une grotte.

N° 13.

CUYP (ALBERT).
Manége dans un enclos. Composition de cinq figures.

N° 14.

CUYP (ALBERT).
Manége : six figures ; dans le fond on aperçoit un château.

N° 15.

DAEL (van).
Bouquet de roses.

N° 16.

DE NOTER (de gand).
Vue de Gand.

N° 17.

DEVIGNE (de gand).
Paysage.

N° 18.

DEVIGNE (de gand).
Grand paysage d'après nature.

N° 19.

DIETRICH.

La naissance de Jésus.

N° 20.

DOES (van der).

Paysage : moutons au repos.

N° 21.

DOW (Gérard).

Ermite en prière.

N° 22.

ENGEL (de Gand).

Paysage.

N° 23.

EVERDINGEN (A. van).
Cascade : site de Norwége.

N° 24.

GEIRNAERT (de Gand).
La marchande de cerises.

N° 25.

GEIRNAERT (de Gand).
Tête d'étude de malade.

N° 26.

GEIRNAERT (de Gand).
Le testament. Tableau capital.

N° 27.

GEIRNAERT (DE GAND).
Jeune fille récurant la vaisselle.

N° 28.

GEIRNAERT (DE GAND).
La marchande de gibiers.

N° 29.

GONZALES COQUES.
Un seigneur et sa femme séparément dans un parc.

N° 30.

GONZALES COQUES.
Portrait de Colyns de Nole, statuaire d'Anvers avec sa famille.

N° 31.

GREVENBROCK.
Marine. Genre de Claude Lorrain.

N° 32.

HACKHERT.
Paysage : figures de Lingelback.

N° 33.

HOBBEMA (minder).
Vue de sa campagne.

N° 34.

HOOCHG (pierre de).
Une servante montrant du poisson à sa maîtresse.

N° 35.

HOOCHG (PIERRE DE).
Intérieur de corps-de-garde.

N° 36.

HOOCHG (PIERRE DE).
Scène d'intérieur.

N° 37.

HONDEKOTTER (MELCHIOR).
Coqs, poules et canards.

N° 38.

HUFFEL (VAN).
Enfant monté sur un mouton.

N° 39.

HUYSUM (JEAN VAN).
Riche bouquet de fleurs avec bas-relief.

N° 40.

HUYSUM (JEAN VAN).
Fleurs.

N° 41.

JARDIN (KAREL DU).
Cavaliers conduisant des bestiaux.

N° 42.

LENTZEN.
Moutons.

N° 43.

METZU (GABRIEL).
Dame jouant avec son chien.

N° 44.

MOLNAER (CLAËS).
Effet d'hiver.

N° 45.

MOUCHERON (FRÉDÉRIC).
Paysage.

N° 46.

MIERIS (GUILLAUME).
Départ d'Adonis pour la chasse.
La mort d'Adonis.

N° 47.

MIERIS (GUILLAUME).
Plusieurs personnages prenant le thé.

N° 48.

MIERIS (FRANÇOIS).
Le petit faiseur de bulles de savon.

N° 49.

MINDERHOUT.
Marine. Tableau capital avec figures.

N° 50.

NEER (ART. VAN DER).
Vue de l'Amstel : effet d'hiver.

N° 51.

NEER (EGLOU VAN DER).
Intérieur : un homme écoutant une dame jouant de l'épinette.

N° 52.

NEER (EGLOU VAN DER).
Dame jouant de la mandoline.

N° 53.

NETSCHER (GASPARD).
Dame caressant un mouton.

N° 54.

NETSCHER (CONSTANTIN).
Jeune femme pinçant de la guitare.

N° 55.

DE NOTTER (A.).
Esquisse. Paysage avec figures.

N° 56.

OSTADE (ADRIEN).
Le trio flamand.

N° 57.

OSTADE (ADRIEN).
Intérieur : fumeurs.

N° 58.

OSTADE (ISAAC).
Paysan conduisant une charrette.

N° 59.

OSTADE (Adrien).
Intérieur rustique. Composition de dix-sept figures.

N° 60.

OSTADE (Adrien).
Danse de paysans à la porte d'une maison.

N° 61.

OSTADE (Isaac).
Entrée d'un village.

N° 62.

POELENBURG (c.).
Paysage : nymphes au bain.

N° 63.

POORTEN (van der), d'anvers.
Paysage avec figures.

N° 64.

PYNAKER (adam).
Site montagneux.

N° 65.

RISCHOFF (j).
Tempête.

N° 66.

ROMBOUTS.
Les trois passions de l'homme.

N° 67.

ROMEYN (G. VAN).
Animaux dans un pâturage.

N° 68.

RUBENS.
Dame tenant un œillet.

N° 69.

RUBENS.
Têtes d'étude faites pour son tableau de Vénus revenant de la chasse.

N° 70.

RUYSDAEL (JACQUES).
Paysage boisé avec source.

N° 71.

RUYSDAEL (Jacques).

Cascade : effet d'orage.

N° 72.

RUYSDAEL (Jacques).

Effet d'hiver.

N° 73.

RUYSDAEL (Jacques).

Les ruines du château de Brederode, près Harlem.

N° 74.

RUYSDAEL (Jacques).

Le chemin creux.

N° 75.

RUYSDAEL (JACQUES).

Vue d'Harlem : coup de soleil.

N° 76.

RUYSDAEL (JACQUES).

Cascade : effet d'orage.

N° 77.

RUYSDAEL (JACQUES).

Marine.

N° 78.

RUYSDAEL (JACQUES).

Paysage : une mare d'eau, une masure sur la droite.

N° 79.

RUYSDAEL (JACQUES).
Moulin à eau.

N° 80.

RUYSDAEL (J.) ET AD. VAN DEN VELDE.
Champ de blé avec terrain sablonneux.

N° 81.

RUYSDAEL (JACQUES).
Tronc d'arbre au milieu d'un étang.

N° 82.

RUYSDAEL (JACQUES).
Paysage avec cascades.

N° 83.

RUYSDAEL (JACQUES).

Le pont de bois.

N° 84.

RUYSDAEL (JACQUES).

Les moulins.

N° 85.

SCHUT.

La Vierge aux anges.

N° 86.

SLINGELANDT (PIERRE VAN).

Le notaire de campagne.

N° 87.

—

SLINGELANDT (PIERRE VAN).
Jeune fille au perroquet.

N° 88.

—

SNAYER.
Choc de cavalerie.

N° 89.

—

SNEYDERS (FRANÇOIS).
Marchands de gibiers.

N° 90.

—

STEEN (JEAN).
Concert rustique : intérieur.

N° 91.

STEEN (JEAN).
Une femme se débattant contre un homme.

N° 92.

STEEN (JEAN).
Joueurs de boules.

N° 93.

SURMONT (DE GAND).
Paysage : vue d'Italie.

N° 94.

TÉNIERS (DAVID), FILS.
Les joueurs de boules.

N° 95.

TÉNIERS (DAVID), FILS.
Les joueurs de cartes : douze figures.

N° 96.

TÉNIERS (DAVID), FILS.
Le joueur de musette : huit figures.

N° 97.

TÉNIERS (DAVID) ET VAN DELEN.
Personnages se disposant à un repas.

N° 98.

TERBURG (GÉRARD).
Une jeune fille appelant son chien.

N° 99.

THYS.
Saint Jean prosterné aux pieds de l'enfant Jésus.

N° 100.

VELDE (GUILLAUME VAN DEN).
Marine : soleil couchant.

N° 101.

VELDE (GUILLAUME VAN DEN).
Marine : calme.

N° 102.

WERF (AD. VAN DER).
Un homme confiant ses richesses à sa femme.

N° 103.

WOUWERMANS (ph).

Chasse.

N° 104.

WOUWERMANS (ph).

Cavaliers dont un sonne de la trompette.

N° 105.

WOUWERMANS (ph).

Chasse.

N° 106.

WOUWERMANS (ph).

Fête de village.

N° 107.

WOUWERMANS (PH.).
Halte de cavaliers.

N° 108.

WOUWERMANS (PIERRE).
Halte de voyageurs.

N° 109.

WYNANTS (JEAN).
Paysage avec terrain sablonneux.

N° 110.

WYNANTS (JEAN).
Paysage avec figures.

N° 111.

WYNANTS (JEAN).
Paysage avec plantes ; figures par Lingelback.

N° 112.

WYNANTS (JEAN).
Paysage : terrain sablonneux.

N° 113.

BEAUME.
Paysans occupés à rentrer les foins.

N° 114.

BELLANGÉ.
Le passage du gué.

N° 115.

BOUHOT (FIG. DE X. LEPRINCE).
Vue de Paris.

N° 116.

BOURDON (s.).
Paysage : homme monté sur un âne, une femme est à côté de lui.

N° 117.

CARAFFE.
Marius sur les ruines de Carthage.

N° 118.

DEMARNE.
Passage d'un bac.

N° 119.

DEMARNE.

Le canal.

N° 120.

DEMARNE.

Marine.

N° 121.

DROLING.

Le marchand forain.

N° 122.

DUVAL LE CAMUS.

Femme agenouillée devant une tombe.

N° 123.

GÉRARD (Mlle).
Jeune mère entourée de ses enfants.

N° 124.

GRANET.
Un moine en prière.

N° 125.

HENNEQUIN.
Paysage avec figures.

N° 126.

LAFOSSE.
L'enlèvement d'Hélène.

N° 127.

LANCRET.

Composition de Wateau.

N° 128.

LANGLACÉ.

Vue de Sèvres.

N° 129.

LAURENT.

La dévideuse distraite.

N° 130.

LÉPICIER.

Marchande de fruits.
Marchande de café.

N° 131.

LORRAIN (Claude Gelée).
Paysage : soleil couchant.

N° 132.

MALLET.
Scène d'intérieur.

N° 133.

PATTER.
Fête au village.

N° 134.

PREVOST.
Paysage.

N° 135.

PRUDHON (p. r.)

Deux nymphes ornent de fleurs la statue du dieu Pan.

N° 136.

REMOND.

Vaches et moutons dans un pâturage.

N° 137.

RESTOU.

Portrait de vieillard.

N° 138.

RONMY.

Vue d'un port de Normandie.

N° 139.

SCHEFFER (a.).
Jeune femme montrant à lire à son enfant.

N° 140.

SCHEFFER (a.).
La convalescence.

N° 141.

SWEBACK.
Camp.

N° 142.

SWEBACK.
Rendez-vous de chasse. Tableau connu sous le nom de calèche bleue.

N° 143.

—

TAUNAY.
Herminie chez les bergers.

———

N° 144.

—

VALLOU DE VILLENEUVE.
Le hussard séducteur.

———

N° 145.

—

VALIN.
Paysage : baigneuses.

———

N° 146.

—

VERDIER.
La Samaritaine.

N° 147.

—

WATEAU.
Le concert champêtre.

N° 148.

—

WATEAU.
Dames au bain.

N° 149.

—

WATEAU (genre de).
Promenade sur l'eau.

N° 150.

—

ALBANE (f.).
Adam et Eve.

N° 151.

—

CANALETTI.

Vue de Venise.

N° 152.

—

DOLCI (c.).

L'enfant Jésus.

N° 153.

—

PANNINI (c.).

Ruines.

N° 154.

—

STELLA.

La fuite en Égypte.

N° 155.

MURILLO.

Jeune fille tenant des fleurs.

N° 156.

Une riche garniture de cheminée du temps de Louis XIV.

N° 157.

Une garniture de cheminée avec vases et candélabres en bronze doré.

N° 158.

Une autre, idem.

N° 159.

Un fauteuil et deux chaises gothiques.

N° 160.

Un petit cartel, bois doré, avec socle.

N° 161.

Une petite console en bois doré.

N° 162.

Boîtes d'acajou et autres.

N° 163.

—

Cadres sculptés et autres.

Sous ce numéro seront vendus les objets omis au catalogue.